AF502446

PROGRAMME

DU BALLET

DE NINETTE

A LA COUR,

Représenté, à *VERSAILLES*, *devant LEURS MAJETÉS, le 29 Mai 1782.*

DE L'IMPRIMERIE

De P. R. C. BALLARD, Seul Imprimeur de la Musique,
Chambre, Menus-Plaisirs & Grande Chapelle du ROI,
& de Monseigneur le COMTE D'ARTOIS.

M. DCC. LXXXII.
Par exprès Commandement de Sa Majesté.

Par M. G ARDEL, l'ainé, Maître des Ballets
du R O I, en survivance.

ACTE PREMIER.

ACTEURS.

NINETTE,	La D^{le} Guimard.
COLAS,	Le Sr Lefevre.
LEROY,	Le S^r Veſtris, pere.
FABRICE,	Le Sr Huard.
Le BAILLI,	Le Sr Trupti.
Le NOTAIRE,	Le Sr Guillet l'ainé.
Le CLERC,	Le Sr Leroy 2e.

PERSONNAGES DANSANS.

SEIGNEURS DE LA COUR.

Les Srs Ledoux, Abraham, Simonet, Clerget, Guiardel, le Bel, la Haix, Coindé, Hennequin, c. Joly, Blanche, Duchaine, Leroi 2e. Deſbordes, Pladix, Ducel, Giguet, Larue, Richard.

PAGES.

Les S^{rs} Maſſelin, Poinon, Coulon, Auguſte, Robert, Deſchamps.

PAYSANS.

Les S^{rs} Caſter, Largillïer, Henri, Millon, Blondin, Boſon, Boyer, Hennequin, c.

PAYSANNES.

Les D^{lles} Carré, Henriette, Prudhomme, Séville,
Lacoſte, Bernard, Deſpereſſe, Leclerc.

COMPARS POUR LA CHASSE.

Quatre Valets de chiens, quatre Piqueurs, quatre
Arquebuſiers.

NINETTE
A LA COUR.

ACTE PREMIER.

*(Le Théâtre repréfente une campagne agréable,
coupée d'Arbres fruitiers, avec des Cabanes fur
les côtés : le fond eft occupé par un côteau).*

Ninette, Colas, & des Payfans, font
occupés à différens ouvrages ; Colas & Ninette
fe donnent des témoignages de leur amour. Ninette engage fon Amant à cueillir du fruit pour
fes compagnes ; il y confent à condition qu'elle

lui donnera fa main à baifer, ce qu'elle lui accorde avec plaifir. Il monte enfuite fur l'arbre & rempli de fruits un panier qu'il donne à Ninette.

Le Bailli vient avec le Notaire qui tient le contrat de mariage de Ninette & de Colas. Celui-ci defcend de l'arbre & fait éclater fa joie d'être bientôt uni à ce qu'il aime. On lui fait figner le contrat, ainfi qu'à fa chere prétendue.

On entend un bruit de chaffe ; Colas fait entrer Ninette dans la cabane, & la prie de ne pas en fortir qu'il ne foit de retour. La chaffe s'approche, Colas va au-devant. Le cerf qui paroît gagne la montagne, il eft bientôt fuivi de tous les Chaffeurs. Aftolphe, plus empreffé de voir la charmante Ninette, abandonne la chaffe & vient fe repofer devant la maifon de celle qu'il adore. Il déclare à Fabrice là paffion qui le domine ; Ninette paroît, & le Roi ordonne à Fabrice de s'éloigner.

Aftolphe confidere Ninette avec le plus grand plaifir ; enhardi par fa gaîté, il l'aborde & lui déclare fon amour, elle en fait un badinage ; mais le Roi eft fi troublé, qu'elle veut fuir ; il

l'arrête & lui fait voir les attributs de son rang.
Pour la déterminer à écouter ses vœux, il lui
offre de s'unir avec elle ; Ninette hésite, il lui
prend la main & la lui serre tendrement.

Colas arrive, & les sépare brusquement :
Astolphe le regarde avec indignation, & Ninette
apprend à Colas que c'est un grand Seigneur. Il
reste interdit & le Roi se retire après avoir su
que c'étoit le Pretendu de Ninette. Colas furieux
accable Ninette de reproches, elle part d'un
éclat de rire qui augmente sa fureur ; il s'emporte
contre elle, lui jette le bouquet & les rubans
qu'elle lui avoit donnés, & lui dit adieu pour
jamais. Elle court le retenir, il la repousse si
rudement qu'elle tombe. Il se hâte de se jetter
à ses genoux pour lui témoigner son répentir.

Astolphe qui de loin a vu la chûte de Ninette,
accourt : elle se plaint à lui de la brutalité de
Colas qui tente vainement de la fléchir. Elle
lui jette à son tour, les rubans & le bouquet
qu'elle avoit reçus de lui, & fuit Astolphe qui
la tient dans ses bras.

Colas resté seul, demeure anéanti ; il se plaint

de son sort & veut courir après son infidèle ; les
Chasseurs, par ordre du Roi, viennent tourmen-
ter Colas : ils le balotent, rient à ses dépens,
& le poursuivent après s'en être bien amusé.

Fin du premier Acte.

ACTEURS DU SECOND ACTE.

LE ROI,	Le S[r] Veſtris, p.
LA COMTESSE,	La D[lle] Heinel.
FABRICE,	Le Sr Huard.
NINETTE,	La D[lle] Guimard.
COLAS,	Le Sr Lefevre.
LE MAITRE A DANSER,	Le Sr Favre.
LE PRÉVOT DE DANSE,	Le Sr Franciſque.
LE CAPITAINE *des Gardes*,	Le Sr Rivet.

PERSONNAGES DANSANS.

FEMMES-DE-CHAMBRE.

Les D[lles] Lacroix, Camille, Maſſon, Simon, Barré, Sainte-Opportune.

SIX LAQUAIS.

SEIGNEURS DE LA COUR.

LE Sʳ VESTRIS, fils.

Les Sʳˢ Huard, Guiardel, Ledoux, Abraham, Simonet, Clerget, Lebel., la Haix, Coindé, Hennequin c., Joly, Blanche.

DAMES DE LA COUR.

LA Dˡˡᵉ DORIVAL.

Les Dˡˡᵉˢ Gervais, Deligny, Adélaïde, Lafond, Coulon, Delfevre, Godot, Bigotini, Courtois, c., Dancourt, Puisieux.

ÉCUYERS.

Les Sʳˢ Duchaine, Leroy 2ᵉ. Desbordes, Pladix, Ducel, Giguet, Larue, Richard.

PAGES.

Les Sʳˢ Poinon, Masselin, Coulon, Auguste, Robert, Deschamps.

DAMES DE LA SUITE DE LA COMTESSE.

Les Dˡˡᵉˢ Darci, Delisle, Desgravelle, Louise, Duplaisi, Villette, Dorigé, Vanloo.

ACTE II.

(Le Théâtre repréfente une Chambre: des fauteuils font placés d'un côté avec les habits de Ninette, de l'autre eft une toilette).

Ninette, en habit de Cour, eft fuivie de plufieurs femmes-de-chambre qui, pour achever de la parer, la conduifent au miroir. Elle s'y examine & rit beaucoup de fon ajuftement. Elle marche en faifant balancer fon panier ; on lui préfente des diamants, elle eft étonnée de leur éclat ; mais elle préfere un bouquet de fleurs qu'on prépare, & laiffe tomber l'écrain, elle va le chercher ; à peine s'en eft-elle faifi, qu'elle reconnoît qu'il eft artificiel & le jette dédaigneufement.

Le Maître à Danfer de la Cour arrive, il lui fait une profonde révérence, lui donne la main, lui place la tête & les pieds, & la fait marcher. Il veut lui montrer le menuet, mais cette leçon l'ennuie, & elle va s'affeoir, très-fatiguée de la gêne de fes habits & du maintien qu'on lui fait obferver. Une des femmes-de-chambre lui apporte un évantail : elle en ignore l'utilité ; le Maître de Danse lui apprend à s'en servir.

Astolphe, dans tout son éclat, arrive & congédie le Maître à Danser & les femmes-de-chambre, ensuite il regarde Ninette tendrement, & vante ses charmes & sa gentillesse. Ils font surpris par la Comtesse qui regarde avec hauteur sa rivale. Elle complimente le Roi sur sa nouvelle conquête. Ninette étonnée, veut s'en aller, mais Alphonse la retient & engage la Comtesse à calmer son dépit. Elle dissimule & prend le parti de s'amuser aux dépens de Ninette ; elle la retourne, lui fait lever la tête & lui attache, une fleur à la tête pour avoir le plaisir de la piquer. Ninette la repousse & se met à pleurer. Astolphe vient la calmer.

On vient avertir le Roi que toute la Cour est assemblée pour le Bal. Il donne la main à la Comtesse & ordonne à ses Écuyers d'y conduire Ninette.

Le Théâtre change & représente un magnifique Sallon orné de lustres & de girandolles. Ninette arrive & est étonnée de la magnificence de la Salle : la Comtesse entourée des Dames de sa suite, survient & s'amuse un instant aux dépens de Ninette. Ensuite arrive le Roi avec son cortege. Le Roi ordonne au Maître de Danse de faire commencer le Bal.

Les tricolets dansés par les Seigneurs & Dames de la Cour.

Menuet de la Reine, dansé par le Roi & la Comtesse.

Menuet de Ninette & du Maître à Danser, Gavotte, par un Seigneur de la Cour ; & une Dame.

Contre-Danse Anglaise qui termine le Bal.

Marche sur laquelle tout le monde se retire.

Le Théâtre change & représente la chambre de Ninette.

Colas, en habit de Cour, poursuivi par les Pages & les Écuyers, entre furieux de voir qu'on rit à ses dépens ; il met l'épée à la main, & met en fuite ceux qui s'acharnoient après lui.

Ninette revient du Bal. Colas qui ne la reconnoît pas, la falue. Elle laiffe tomber fon voile, s'approche de lui pour l'éprouver & lui fait mille complimens. Il eft enchanté de trouver l'occafion de fe venger des perfidies de Ninette, qui lui offre une bourfe, & l'efpoir de faire fa fortune, s'il veut l'aimer. Il refufe fes dons, & Ninette feint d'en être piquée au point de fe laiffer évanouir. Colas embaraffé, fait tous fes efforts pour la faire revenir. Elle lui préfente la main qu'il baife; alors elle ôte fon voile & faifi Colas au colet; la joye de retrouver fa chere Maitreffe le met hors de lui; il la conjure de croire qu'il l'adore; mais elle ne veut pas l'écouter, & fe fauve précipitament. Il la pourfuit.

Aftolphe impatient de revoir fa chere Ninette, revient, & eft au défefpoir de ne la point trouver. La Comteffe qui prévoit le fort qui la menace, le fuit, & le furprend inquiet fur le parti qu'il prendra. Le Roi étonné de la voir, écoute fes tendres reproches; il veut lui perfuader qu'il n'eft point infidèle; mais fon air embaraffé ne laiffe que trop entrevoir fon amour pour Ninette. La Comteffe outragée arrache le portrait qu'elle a reçu de lui, & le lui rend; il refufe de le reprendre, & fort tout troublé ; reftée feule, elle fe livre à tout fon défefpoir ; Ninette arrive & la voit qui gémit, elle court à elle ; la Comteffe la regarde avec fureur, & Ninette lui apprend qu'elle ne veut plus refter à la Cour. Cette nouvelle remplie de joie, la Comteffe qui l'embraffe avec tranfport. On apperçoit le Roi qui s'avance ; Ninette fait cacher la Comteffe dans un cabinet, après lui avoir promis de la fervir, & va au-devant du Roi.

Colas entre & voit de loin le Roi & Ninette qui s'avancent, il fe cache fous la table pour s'inftruire de fon fort.

Ninette conduit le Roi qui veut lui prodiguer les plus tendres careffes ; elle l'engage à différer jufqu'à qu'elle ait vu fi l'on ne fauroit le furprendre ; elle apperçoit Colas fous la table, éteint les lumieres & va chercher la Comteffe à qui elle fait prendre fa place : elle fort bien vîte.

'Aftolphe fe croyant avec Ninette, tombe aux genoux de la Comteffe, & lui dit mille fois qu'il l'adore. Colas qui le préfume de même, fe défole & fe croît perdu. Ninette paroît, tenant deux flambeaux & fait voir au Roi fa méprife ; le

Prince confus détourne les yeux de la Comtesse
qui le fixe tendrement ; Ninette le conjure de
faire le bonheur de celle dont il est aimé. Il revient à lui & se jette aux genoux de la Comtesse,
qui lui pardonne aisément ses torts. Colas, de
son côté, vole avec transport à sa chere Ninette
qui ne veut point l'écouter. Il va implorer les
bontés du Roi, qui se charge de la réconciliation.
Il appelle & ordonne d'aller préparer dans ses
jardins une fête pour la nôce de Ninette & de
Colas.   (*Ils sortent*).

Fin du second Acte.

ACTEURS DU TROISIEME ACTE.
MARCHE DE TOUS LES QUADRILLES
PAR ORDRE.

MUSICIENS.

Les S^{rs}

PAYSANS.

Les Srs Blondin, Hennequin, c., Boyer, Boſon.

PAYSANNES.

Les D   Lacoſte, Bernard, Deſpereſſe, Leclerc.

BERGERS.

Les S^{rs} Caſter, Henry, Largillier, Millon.

BERGERES.

Les D^{lles} Henriette, Carré, Prudhomme, Séville.

BÉARNOIS.

Le Sr VESTRIS, fils.

Les Srs Lefevre, Frédéric, Barré, Guillet, c.,
Doucet, Ledoux, Clerget.

BÉARNOISES.

Les D^{lles} GUIMARD, DORIVAL, PESLIN, GERVAIS,
Deligni, Crépeau, Lafond, Coulon.

SEIGNEURS DE LA COUR.

Les Srs Lebel, Lahaye, Coindé, Hennequin, c.
Blanche, Joly,

DAMES DE LA COUR.

Les D^{lles} Bigotini, Courtois, Delfevre, Godeau,
Puiſieux, Dancourt.

ÉCUYERS.

Les Srs Duchaine, Leroi 2e, Desbordes, de Larue, Pladix, Ducel, Giguet, Richard.

DAMES DE LA SUITE DE LA COMTESSE.

Les D^{lles} Danci, Delisle, Desgravelle, Dorigé,
Louise, Vanloo, Duplaisi, Villette.

LE ROI, Le Sr Vestris, p.

LA COMTESSE, La D^{lle} Heinel.

LE CAPITAINE DES GARDES, Le Sr Rivet.

PAGES.

Les Srs Poinon, Masselin, Auguste, Deschamps,
Coulon, Robert.

QUATRE SEIGNEURS.

Les Srs Simonet, Abraham, Huard, Guiardel.

LE BAILLI, Le Sr Trupti.

LE NOTAIRE, Le Sr Guillet, l.

LE CLERC, Le Sr Leroi, 2e.

FEMMES DE CHAMBRE.

Les D^{lles} Lacroix, Camille, Simon, Masson,
Barré, Saint-Oportune.

ACTE III.

MARCHE.

Astolphe unit Colas & Ninette, & va se placer sur un thrône de fleurs. Alors les nouveaux Mariés commencent la fête, & les Seigneurs, les Dames, les Paysans, les Bergers, &c. se mêlent & forment un Ballet général aussi galant que varié.

FIN.